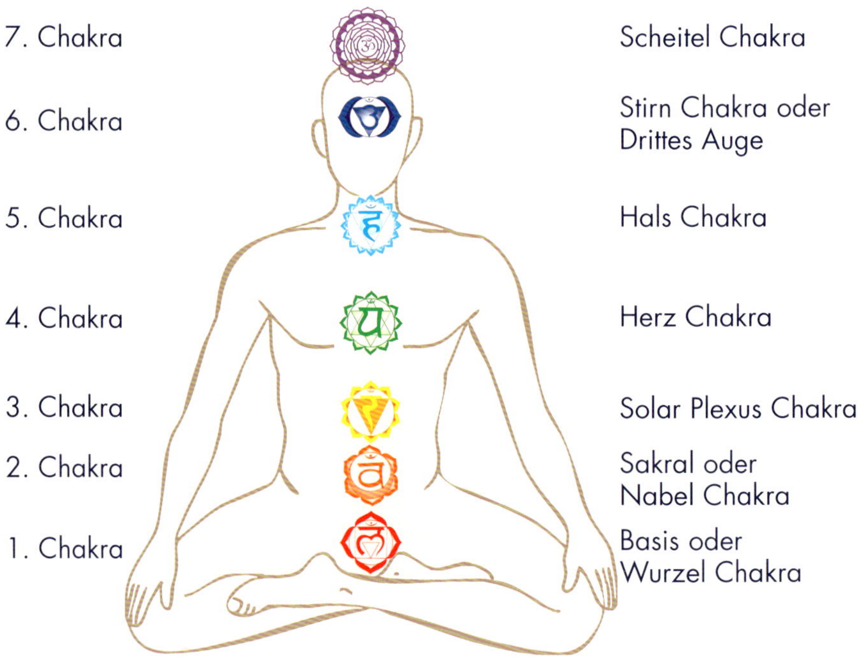
7. Chakra
Scheitel Chakra
6. Chakra
Stirn Chakra oder Drittes Auge
5. Chakra
Hals Chakra
4. Chakra
Herz Chakra
3. Chakra
Solar Plexus Chakra
2. Chakra
Sakral oder Nabel Chakra
1. Chakra
Basis oder Wurzel Chakra

Inhaltsverzeichnis

Einleitung

Seit 23 Jahren befasse ich mich mit dem Thema »*Aufstieg*«. Zuerst waren es Informationen von KRYON, welche mir zum Thema Aufstiegsprozess Klarheit und Verständnis vermittelt haben. In den 90er-Jahren verstärkten sich dann meine eigenen medialen Fähigkeiten immer mehr. So bekam ich zu jeder Frage, die ich an meine geistigen Führer stellte, auch klare Antworten.

Bald stellte sich heraus, dass mein ganzer Lebensplan darauf ausgerichtet ist, Menschen zu helfen, sich innerlich zu öffnen, die Liebe in ihren eigenen Herzen zu entdecken, diese zu integrieren und damit den Weg des Aufstiegs zu gehen. Der Weg in die fünfte *Dimension* ist ein Weg zu sich selbst. Er ist eine Entdeckungsreise in die Tiefen der eigenen Seele. Er ist der Erlösungsweg.

Was kann interessanter sein, als sich selbst wahrhaftig kennenzulernen?

Der Weg zu dir selbst ist ein Weg der Selbstverantwortung. Du kannst dir den Aufstieg nicht erkaufen, du kannst niemanden beauftragen, den Aufstieg für dich zu bewerkstelligen. Kein Guru und keine Kirche wird dich erleuchten. Du kannst dich aber von geistigen Lehrern anleiten lassen, dich dafür entscheiden, den Weg des Aufstiegs in die Selbstverantwortung zu gehen.

Diese kleine Wegleitung soll ein solches Hilfsmittel sein, den Weg in dein Herz und damit in dein wahres Selbst zu finden. Höre nun gut in dich hinein! Bist du bereit, dich von Schuldzuweisungen an andere und Fremdbestimmung zu verabschieden und in absoluter Selbstverantwortung den Weg in die Dimension der

Liebe gehen zu wollen? Dann lese weiter. Ich bin überzeugt, dir mit diesem Buch eine wertvolle Hilfestellung bieten zu können.

Ich wünsche dir auf deinem Weg die notwendige Ausdauer, die Freude, die Zielstrebigkeit und Entschlossenheit für deine innere Evolution. Bedingungslose Liebe und Geborgensein im alleinigen göttlichen Licht sind ein wunderbarer Lohn für die Anstrengungen.

In Liebe

Hans Seelhofer

Wissenswertes aus der Geschichte der Menschheit

Die Geschichte der Menschheit ist ein wunderbares Experiment Gottes, welches seit weit über einer Million Jahren läuft. Die Erde war der »Garten Eden«, was bedeutet, dass es hier auf Erden eine Zeit gab, wo der Mensch mit dem göttlichen Vater/Mutter-Prinzip noch so eins war, dass er sich der eigenen Schöpfungskraft, die ihm durch die Verleihung des freien Willens gegeben wurde, noch voll bewusst war. Durch das absolute Vertrauen in die eigenen Fähigkeiten wurden alle Wünsche sofort erfüllt. Darum heißt es auch: »Hilf dir selbst, so hilft dir Gott.« Denn Gott hat seine Schöpfungskraft in unsere Seelen hineingelegt. So war der Garten Eden ein Ort der Fülle. Jede menschliche Seele konnte sich die eigene Welt sofort manifestieren. Arbeit im heutigen Sinne, Krampf und Kampf des Lebens waren unbekannt.

Die Menschen hatten ein so hohes Bewusstsein, wie es eben in den höheren *Dimensionen* gelebt wird. Der freie Wille des Menschen führte aber immer wieder zu einem Verlust des Gottesbewusstseins, was in die Polarität und die Verstrickung von Angst, Ohnmacht, Habgier etc. führte. Da wurden Kriege geführt, Machtsysteme aufgebaut und die Menschen unterjocht.

In diesem Zustand des polaren Verhaltens ist es unmöglich, in der fünften Dimension zu existieren. Die Schwingung der dritten Dimension ist so tief, dass die Energie der fünften Dimension den menschlichen Körper in Sekundenbruchteilen zerstören würde.

Der Weg in die fünfte Dimension und damit in den *Aufstieg* 2012 führt also zwingend auf den Weg der Schwingungserhöhung, von der Polarität der Außen-Orientiertheit in das Einssein des Gottesbewusstseins im eigenen Herzen.

Wieso hat sich die Menschheit so weit vom göttlichen Schöpfungsbewusstsein entfernt? Im Zusammenhang mit dem Thema dieser Wegleitung scheint es sinnvoll, Ereignisse aus Atlantis zu zitieren.

Vor ca. 26'000 Jahren hatte sich in Atlantis eine menschliche Form des Zusammenlebens von höchster Spiritualität, von höchstem Bewusstsein gebildet. Die Menschen hatten den Weg der Liebe gefunden. Das Wohl des Ganzen stand im Zentrum des sozialen Zusammenlebens, die Einheit aller Schöpfung war jedem Mitglied dieser Gesellschaft voll bewusst. So wurde alle Kreatur als Ausdruck der Liebe Gottes verstanden. Tiere und Pflanzen, das ganze Mineralienreich, auch die verschiedenen Elementarwesen wurden als voll bewusste Ausdrucksformen unseres göttlichen Schöpfers erlebt. Kommunikation mit all diesen Wesen auf telepathische Weise war selbstverständlich. Aufgrund des hohen Schöpfungsbewusstseins waren auch Kristalltechnologien im Einsatz, welche alle benötigte Energie für Licht, Kraft, Bewegung, Wärme etc. aus dem Kosmos bezogen. Diese Technologien waren absolut im Einklang mit der Schöpfung. So lebten alle im wiedergefundenen »Garten Eden«.

Das gesamte Universum hatte schon damals eine evolutionäre Ebene erreicht, die zu einem Aufstieg in die fünfte Dimension führen sollte.

Dann geschah etwas Schreckliches: Die menschliche Population von Atlantis erlebte die Invasion einer anderen außerirdischen Population. Es waren nur wenige Tausend. Menschliche Wesen, welche sehr freundlich waren, sich aber als außerordentlich geschickte Manipulatoren erwiesen. Den Atlantern wurde eine noch schönere Welt vorgegaukelt, wenn sie sich nur auf die Anweisungen der Invasoren verlassen würden. Die Außerirdischen verstanden es, die hoch entwickelten, aber völlig arglosen, atlantischen Wesen einzulullen. Dies führte zu einer Machtabtretung der Atlanter an die Invasoren. Durch eine Gen-Manipulation wurde aus der gottgegebenen 12-Strang-DNA eine 2-Strang-DNA. Zur näheren Erklärung: Die Stränge der DNA sind Farbfrequenzen (als Schwingungsebenen), über welche die Lebensinformationen fließen. Indem nur noch 2 Stränge zur Verfügung standen, drifteten die Atlanter in polares Denken ab. Die Verbindung zum göttlichen Ur-Bewusstsein wurde dadurch beinahe ausgelöscht. Seither fühlt sich der Mensch verloren, von Gott verlassen; es besteht ein Schleier zwischen den Welten. Während die Atlanter vorher 60 - 70 % ihres Hirnvolumens nutzen konnten, sank dieser Wert nun auf 5 – 10 %. *Ganzheitliches* Denken, intuitives Einssein wurde beinahe unmöglich. Die Menschen verloren ihr selbstverständliches Gottvertrauen.

Dieser Eingriff der Invasoren rächte sich. Sie selbst gerieten dadurch ebenfalls in den Strudel dieser Gen-Manipulation. Daher müssen diese nun den genau gleichen Weg zurück in höhere *Dimension*en finden wie die übrigen Seelen.

Seit dieser Zeit gibt es die sogenannten Illuminati (die damaligen Invasoren), welche die übrige Menschheit durch geschickte Angstmache, durch Kriegsszenarien, durch bewusst erzeugten Mangel etc. manipulieren, um ihre Machtgelüste und ihre Gier zu stillen. Sie brauchen die Angstenergie der übrigen Menschheit als eine Art Lebenselixier.

Und nun frage ich dich: Willst du weiterhin Spielball dieser Kräfte sein? Wenn nicht, dann höre einfach auf, dich mit den äußeren Ereignissen der Weltpolitik, der Weltwirtschaft, auch teilweise der Wissenschaft etc. zu befassen. Auch der blinde Glaube an die Geschichte gehört dazu, oder hast du in den offiziellen Geschichtsbüchern je etwas von Atlantis gelesen? Wir leben in einer Welt der Manipulation.

Erschaffe dir die eigene Welt der Liebe, der Einheit, des Gottesbewusstseins. Dies ist dein Recht und du trägst dieses Bewusstsein in dir!

Kehren wir nochmals zurück zu den Ereignissen in Atlantis. Durch diese Invasion, durch den Verlust der 12-Strang-DNA sank die Eigenfrequenz der Menschen auf das Niveau der dritten *Dimension*. Der menschliche Körper wurde dadurch sehr feststofflich und niederfrequent, das Denken materiell und problembezogen. Das ganze Universum war aber bereit gewesen für den *Aufstieg* in die fünfte Dimension der Liebe und des reinen Lichts. Wäre Mutter Erde nun mitaufgestiegen, hätte dies das Ende der ganzen Menschheit auf Erden bedeutet, denn die menschlichen Körper hätten die Schwingungserhöhung nicht ausgehalten und wären somit allesamt ausgelöscht worden.

So entschloss sich Mutter Erde mit ihrem hohen Bewusstsein, ihre Eigenschwingung der dritten Dimension anzupassen, damit das Experiment Menscheit nicht vorzeitig beendet werden musste. Es wurde ein Magnetfeld um die Erde gelegt, welches als Bewusstseins- und Dimensionsgrenze diente. Die Erde wurde also gegenüber dem restlichen Universum mit einem Magnetfeld abgeschottet, damit sie eigenständig die tiefe Frequenz halten konnte.

Das ganze übrige Universum stieg in die Sphäre der Liebe auf und wartet nun seit 26'000 Jahren auf eine Weiterentwicklung des Men-

schen, damit die Erde sich wieder in das gesamte Gefüge des Universums einordnen kann.
Da das übrige Bewusstsein des Universums sich in dieser langen Zeitspanne weiterentwickelt hat, ist es nun bereits auf dem Weg in die sechste und siebte *Dimension*. Deshalb ist Mutter Erde nun auch »gezwungen«, ihre Frequenz auf die fünfte Dimensionsstufe zu erhöhen. Würde dies nicht geschehen, könnte es so große energetische Spannungen hervorrufen, dass die ganze Existenz des Universums gefährdet wäre.
Der jetzige Aufstieg der Erde von der dritten in die fünfte Dimension wird also gewissermaßen erzwungen, ohne Rücksicht auf menschliche Verluste. Es obliegt nun jedem Menschen selbst, sich für den Aufstieg zu entscheiden, ihn ernst zu nehmen oder weiterhin die Außenorientiertheit zu leben und damit in der Schwingung der dritten Dimension hängen zu bleiben.

Was willst du? Möchtest du an diesem Prozess teilnehmen?

Wir haben nun in diesem Abschnitt viel über Dimensionen gehört. Zum näheren Verständnis dient die Abbildung auf der folgenden Seite.

Die Schöpfungspyramide

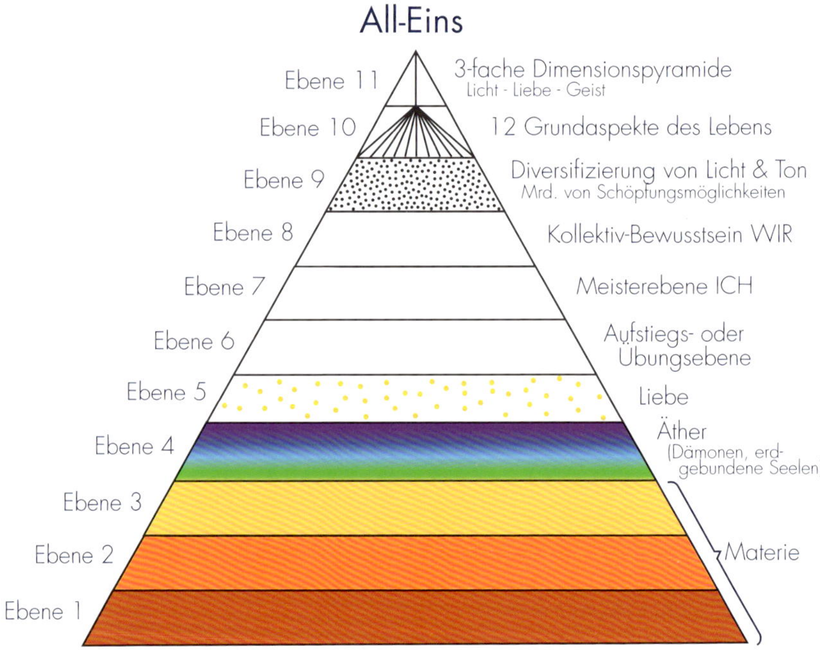

Über die Funktionszyklen unseres Universums

Wenn ich nun einige Funktionen unseres Universums beschreibe, so erhebt diese Darstellung weder Anspruch auf Vollständigkeit noch ist es eine rein astronomische Darlegung. Alles ist mit Bewusstsein erfüllt und aus meiner Sicht ist jeder Planet ein Wesen.

Meine Darstellung ist nur ein kleiner Ausschnitt aus dem unendlichen Räderwerk des kosmischen Zusammenspiels.

Für uns Menschen ist im Zusammenhang mit dem *Aufstieg* der Erde in die fünfte *Dimension* Folgendes wichtig:

Im Zentrum unserer Galaxie gibt es eine Zentralsonne. Diese ist allerdings nicht von materieller Struktur. Darum sieht man durch Teleskope nur einen Spiralnebel mit einem schwarzen Loch in der Mitte. Die Astronomie interpretiert solche schwarze Löcher als alles in sich hineinsaugende Gebilde, die jegliche Materie wieder auflöst.

Unser Zentrum der Galaxie ist jedoch das zentrale Bewusstsein unseres Universums. So wie jeder menschliche Körper nur durch die Anwesenheit einer Seele existieren kann, so existiert unser Universum nur durch das Vorhandensein der Zentralsonne. Für mich ist dies also die Seele des Universums. Dort sind die Schwingungsfrequenzen so hoch, dass dieses Gebilde von Kameraaugen nicht erfasst werden kann. Darum erscheint das Ganze als schwarzes Loch. Die Zentralsonne ist Anfang und Ende aller universalen Erscheinungen und Erfahrungen. Von dort gehen alle Impulse auch im Zusammenhang mit den evolutionären Prozessen aus. Je näher unser Sonnensystem der Zentralsonne kommt, desto stärker werden die Lebensbedingungen in unserem Erfahrungsbereich beeinflusst. Je näher wir der Zentralsonne sind, desto höher steigt die Energiefrequenz und es kommt zu Dimensionswechseln.

Für uns ist nun wichtig, dass unser eigenes Sonnensystem in ca. 25'800 Jahren einmal um die Zentralsonne herum wandert. Da die Umlaufbahn ellyptisch ist, ändert sich der Abstand unseres Sonnensystems und damit auch unserer Erde zur Zentralsonne, je nachdem, in welchem Bereich der Umlaufbahn sich unser Planetensystem gerade befindet. So gibt es ca. alle 12'900 Jahre eine Situation, wo der Abstand am größten ist. Dann ist somit der Einfluss der Zentralsonne auf die Geschehnisse in unserem Sonnensystem am kleinsten. Oder anders ausgedrückt: Die Schwingung ist am tiefsten. Diese Zeit wird in den indischen Veden als »Kalyuga« bezeichnet, als das dunkelste Zeitalter! Es sind die Zeiten, wo die Menschen ihren göttlichen Ursprung vergessen, sich von der inneren Führung abwenden und sich dann in den polaren Angsterfahrungen verstricken, bis sie nicht mehr daraus herausfinden.

Einen Viertel Umlauf später – also nach ca. 6'450 Jahren – erreicht unser Sonnensystem dann den Punkt, wo es der Zentralsonne am nächsten ist. Dann ist die Schwingung am höchsten und der Einfluss der Zentralsonnen am intensivsten. Das ist die günstigste Zeit, wo wir Menschen wieder erwachen, zurück in die Liebe und damit in neues Gottesbewusstsein finden können.

Zentralsonnensystem

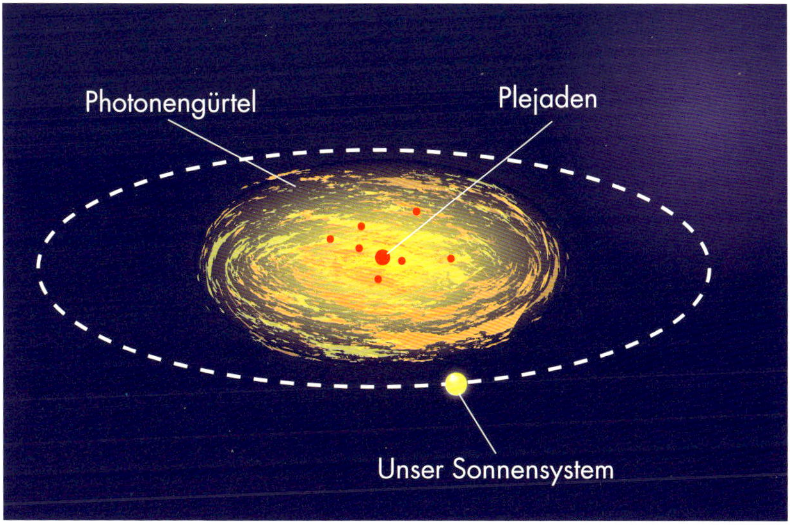

Schematische Darstellung der Bewegung unseres Universums
im Laufe der Geschichte

Dieser »26'000-Jahre-Zyklus« hat sich natürlich während der Geschichte unserer Menschheit schon viele Male wiederholt. Immer wieder gab es Gelegenheiten, damit die ganze Menschheit sich aus ihren Verstrickungen hätte erlösen können. Immer wieder ist die Menschheit gescheitert und nur wenigen (einigen Tausend) Menschenseelen ist es gelungen, individuell Erlösung zu erlangen und als *aufgestiegene Meisterinnen und Meister* auf höherer Ebene weiter zu existieren.

Das erste Mal sollte die Menschheit den massenhaften *Aufstieg* vor 26'000 Jahren erleben. Die Gründe des Scheiterns habe ich im letzten Kapitel bereits dargelegt.

Nun bekommen wir wieder eine neue Chance. Unser Sonnensystem hat sich wiederum nahe an die Zentralsonne heranbewegt. Um den Aufstieg nun sicherzustellen, hat die Zentralsonne (die Seele unseres Universums) ihre Energie kontinuierlich verstärkt, sodass unser Sonnensystem mit so viel Energie aufgeladen wird, dass ein Dimensionswechsel unwiderruflich erfolgen wird.

Der Aufstieg unserer Erde in die fünfte Dimension: 1987 – 2012

Seit über zwanzig Jahren verfolge ich nun die energetischen Veränderungen hier auf Erden. Ähnlich wie beim Start eines Flugzeuges, welches ganz langsam anrollt, dann immer schneller wird, um sich schließlich in den Himmel zu erheben, so hat unsere liebe Mutter Erde ihre Energie erhöht.

Es ist übrigens müßig, darüber zu diskutieren, ob nun prophetische Angaben über die tatsächliche Zeit des *Aufstiegs* wahr seien oder nicht. Es laufen zurzeit viele, teils richtig polemische Diskussionen darüber, ob nun diese Zeitrechnungen stimmen. Besonders der Mayakalender wird sehr kontrovers interpretiert. Würden diese Zweifler die Ereignisse auf unserer Erde beobachten, dann wüssten sie, dass wir mitten im Aufstieg stehen. Es ist wissenschaftlich bewiesen, dass z.B. die Schumann-Frequenz kontinuierlich steigt. Die Aktivität der Sonnenoberfläche zeigt es, da immer stärkere Eruptionen zu beobachten sind. Es ist aber nicht mein Ziel, hier eine lange Beweisführung darzulegen. Die Schwingungsanhebung ist Realität und messbar und die dadurch ausgelösten Veränderungen sind offensichtlich.

Auf der Ebene des Bewusstseins durchläuft unsere Erde in den 25 Jahren des Aufstiegs die Farbfrequenzen des Regenbogens. Als ich 1987 die ersten Messungen machte, befand sich die Erde im Frequenzband von hellgrun. Farbfrequenzen sind Bewusstseinsebenen, auf welchen auch wir Menschen uns selbst erfahren. War also damals die Energieschwingung hellgrün, so gab dies allen Wesen auf Erden die Gelegenheit, Altes loszulassen und sich Neuem gegenüber zu öffnen. Tatsächlich sind auch viele nun schon etwas bejahrtere Erdenbürger damals innerlich erwacht und haben sich spirituellen Themen zugewandt. Auch viele spirituelle Lehrer, die heute Aufklärungsarbeit leisten, haben damals den inneren Ruf gehört und konnten das in ihnen schlummernde Potential freisetzen. Das Thema war also Aufbruch. Ereignisse im Zusammenhang mit diesen Energiefrequenzen finden sowohl im inneren als auch im äußeren Bereich unseres Lebens statt. »Erwachet« rief es in uns, »Erwachet« hat es aber auch auf der kollektiven Ebene des menschlichen Bewusstseins gerufen. So dürfte z.B. der Mauerfall in Berlin eine Folge dieser Bewusstseinsveränderungen gewesen sein.

Lösen sich dann gewisse Verhaltensmuster in den Menschenseelen auf, so erhöht dies die Schwingung der einzelnen Seele, welche diesen Schritt vollzogen hat. Gleichzeitig hat dies auch Einfluss auf die Gesamtschwingung des menschlichen Kollektivs. Sie erhöht sich ebenfalls. Jeder evolutionäre Schritt einer Seele erhöht somit das Gesamtbewusstsein der Menschheit. Darum sollen wir alle erkennen: Jeder Einzelne von uns kann die Welt verändern! Niemand ist machtlos, denn alle Menschen haben den freien Willen bekommen und sind in der Lage, sich selbst und damit auch das Kollektiv zu verändern.

Etwa ab 1993 bis 1994 änderte sich die Farbfrequenz allmählich in den tiefgrünen Bereich. Jetzt strahlte unsere Erde die Energie der Harmonie, der Selbstfindung auf uns aus. Wir hätten die Gelegenheit gehabt, nun unsere Mitte zu finden und zu beginnen, ganz aus dem Herzen zu leben. Den meisten Menschen gelang es jedoch nicht, sich jetzt der Liebe zu öffnen. Zu tief saßen noch kollektive Verhaltensmuster, die kirchlichen Dogmen und die eigenen Negativerfahrungen in den *Chakren* all dieser Seelen. Darum erwachten damals nur wenige weit fortgeschrittene Seelen in die Liebe ihres eigenen Seelenkerns. Bei all diesen Vorgängen ist zu beachten, dass der Mensch den freien Willen hat. Je nach seinem Entwicklungsstand, je nach seinen Konditionierungen reagiert er auf Energiefrequenzen und deren Botschaften oder er verweigert sich vorsätzlich. Es braucht einen bewussten inneren Entscheid, damit Veränderung geschehen kann.

Darum war es auch im gesamten Zeitabschnitt so. Es erwachten wiederum zwar eine ansehnliche Zahl, aber gemessen an der Erdbevölkerung halt doch nur wenige Menschen.

Mutter Erde hatte nun auf der Ebene der dritten *Dimension* ein vollständiges Reinigungsprogramm absolviert. Mit dem Durchlaufen des grünen Farbbandes kam für Mutter Erde der Aufstieg in die vierte Dimension. Wie bei der Musik eine höhere Oktave eine höhere Schwingung bedeutet, so ist eine höhere Dimension eine höhere Schwingungsebene. Nun begann das Reinigungsprogramm von Neuem, einfach oktaviert auf der höheren Schwingungsstufe.

Der Äther der Erde ist Aufenthaltsort von unerlösten Seelen, von negativen Emotions- und Mentalmustern, auch von Menschen erschaffenen Dämonen. All dies muss bereinigt werden, damit die fünfte Dimension gelebt werden kann. Was der Mensch erschaffen hat, das muss er auch wieder erlösen. Darum sind heutzutage Menschenseelen inkarniert, welche die Fähigkeit haben, diese menschlichen Miss-Schöpfungen zu erkennen und mithilfe von höheren Lichtwesen aufzulösen (Dämonen, emotionale und mentale Energien) oder zu erlösen (erdgebundene Seelen). Es wird großartige Arbeit geleistet, der Äther der Erde wird immer lichtvoller.

Bereits Anfang 2003 wechselte die Frequenz in ein feines Aquamarin. Dies ist die Farbe der inneren Befreiung. Hier sollten wir lernen, unseren eigenen Wünschen Raum zu geben und uns selbst ernst zu nehmen. Jetzt war die Zeit, alles zu hinterfragen. Ist dieses Verhalten mein eigenes oder dasjenige meiner Eltern? Dient dieses Verhaltensmuster einer positiven Lebensgestaltung in Liebe? Habe ich auf gewisse Lebensumstände aus eigener Überzeugung reagiert oder war ich dabei durch die kollektiven Vorstellungen beeinflusst? Freiheit bedeutet, frei zu sein von allen Dogmen. Werfen wir also Unnötiges über Bord und lernen wir, einfach auf unsere innere Stimme zu hören. Sie liegt immer richtig, ist sie doch das Sprachrohr der höheren Führung.

Bis zum Jahre 2009 durchlief die Erde wiederum die Frequenzen Aquamarin, Hellblau bis Intensivblau. Wir waren gefordert, alle mentalen Programme zu erlösen. Haben wir es getan? Sind wir nun frei von den Erwartungen unseres Umfeldes, von den ständigen Bewertungen aller äußeren Ereignisse? Sind wir jetzt frei für eine Lebensgestaltung, die einzig und allein auf Liebe und göttlicher Führung basiert? Dies sind die Erfordernisse, um in der fünften Dimension leben zu können!

Anfang 2010 wechselte die Frequenz dann langsam ins Indigoblau. Dies bedeutet, dass nun sämtliche Machtmuster, Fremdbestimmung, Ohnmachts- und Angstmuster, körperliche und seelische Schmerzzustände erlöst werden können. Nur der eigene Entschluss, selbstverantwortlich leben zu wollen, befähigt dich, obige Verhaltensmuster zu verabschieden. Es ist durchaus auch erlaubt, sich von seriösen Fachpersonen den Spiegel vorhalten zu lassen, damit du überhaupt erkennst, wo »der Schuh drückt«.

Ab Herbst 2010 wird die Energie immer violetter. Zunächst wird aus dem Indigoblau ein Tiefviolett, welches im Zeitenlauf bis Ende 2012 immer heller wird, weil der Einfluss von Weißlicht immer mehr zutage tritt. Gegen Ende 2012 löst sich das Violett dann in Weiß auf.

Mit dem Erreichen der violetten Frequenzebene absolviert Mutter Erde praktisch ein Selbstreinigungsprogramm. Die violette Farbebene ist das Tor zwischen den Welten. Bei dieser Frequenz lösen sich dunkle Energieformen auf und sie werden wieder zu Licht. Wir Menschen haben dabei weiterhin die volle Handlungsfreiheit und es kommt nur auf uns an, ob wir diese innere Reinigung mitmachen, indem wir ganz in *Resonanz* gehen.
Wir brauchen uns einfach dafür zu entscheiden und die höheren Bewusstseinsebenen um Hilfe zu bitten. Alles, was nicht reinen Lichtes ist, wird durch das Violett transformiert und in die Schwingung des Weißlichtes zurückgeführt.

Ende 2012 wird das Weiß immer dominanter, bis es schließlich in reinster Form als fünftdimensionale Energie unser Dasein bestrahlt und durchdringt.

Eine besondere Bedeutung kommt dem 21.12.2012 zu. Da sind durch die Bündelung verschiedenster kosmischer Kräfte (z.B. auch von Planetenenergien) die Energien so intensiv, dass unser menschliches Bewusstsein davon berührt werden wird. Wir werden aus der bisherigen Ausrichtung, aus bisherigen Verhaltensweisen herausgerissen und durch die mächtigen kosmischen Energien öffnet sich unser *drittes Auge*. Es eröffnet sich uns eine völlig neue Wahrnehmung. Dadurch geschieht zuerst Verwirrung, dann Neuorientierung und schlussendlich erstaunte Glückseligkeit, dass nun der Aufstieg geschafft ist.

Diese Beschreibung trifft allerdings nur auf die Menschen zu, welche sich in den vorangegangen Jahren bewusst für den Aufstieg entschieden haben und die auch den Weg ins eigene Herz gegangen sind.

Nun sind die Voraussetzungen für eine menschliche Gesellschaft, welche auf Liebe und zum Wohle aller basiert, geschaffen.

Der Aufstieg in die fünfte *Dimension* erfolgt somit durch einen kontinuierlichen Anstieg der Schwingungsfrequenzen auf Mutter Erde. Wir Menschen sind dabei gefordert, uns entsprechend mitzuentwickeln, indem wir aufhören, uns an den äußeren Lebensumständen zu orientieren. Lernen wir, aus dem eigenen Herzen zu leben, sind wir dabei und werden in der neuen Zeit glücklich werden.

Was geschieht aber mit den Seelen, welche ihre polaren Erfahrungen noch nicht abschließen wollen oder können?

Nun, unsere göttliche Führung ist absolut barmherzig. Sie hat uns Menschen den freien Willen gegeben und respektiert diesen absolut. So wurden bereits vor Jahren Tausende von hochentwickelten Wesenheiten beauftragt, von unserer Erde eine exakte holografische Kopie (*Hologramm*), also eine virtuelle Erde zu erschaffen.

Während die echte materielle Erde in die fünfte Dimension entschwindet (sie ist dann für dreidimensionale Wesenheiten nicht mehr sichtbar), schwingt die virtuelle Erde weiterhin in der dritten Dimension. Die nicht erwachten Menschenseelen werden dann in dieser virtuellen Welt untergebracht, wo sie ihre polaren Erfahrungen weiter leben können, bis sie sich entschließen, ebenfalls zu erwachen und aufzusteigen.

Merken dies die nicht-aufgestiegenen Seelen?

Die virtuelle Erde ist so perfekt, dass diese Seelen kaum merken, dass sich etwas verändert hat. Sie stellen aber fest, dass innerhalb weniger Tage plötzlich Freunde, Angehörige, Bekannte aus ihrem Wahrnehmungsfeld entschwinden. Sie sind einfach nicht mehr da (weil sie aufgestiegen und damit für sie unsichtbar geworden sind).

Die Menschen, welche den Aufstieg mitmachen, erleben nun eine neue Welt voller Reinheit, Liebe und Klarheit. Da nur noch ein sehr subtiles Magnetfeld besteht, gibt es keine Zeit mehr in unserem heutigen Sinne. Die Menschenseelen entdecken rasch, was für Schöpfungskräfte nun in ihnen erwachen. So werden Wünsche sofort manifestiert und Arbeit im heute üblichen Sinne wird unnötig.

Da nur Menschen aufsteigen, die wieder ganz in die Liebe gefunden haben, baut sich ganz von alleine die 12-Strang-DNA wieder auf und es entwickelt sich wieder ein hohes, *ganzheitliches* Bewusstsein. Wir nutzen wieder 60 – 65 % unseres Hirnvolumens und werden so zu wahren Schöpferwesen im Sinne des Lichtes, der Liebe und zum Wohle aller.
Unser Körper wird viel *feinstofflicher*, darum braucht er im Durchschnitt nur noch ca. ein Drittel des heutigen Nahrungsbedarfs. Mutter Erde wird uns die benötigten Früchte wie von selbst zur Verfügung stellen. Hunger gibt es nicht mehr. Der »Garten Eden« ist wieder erschaffen.

Der bewusste Weg des Menschen in die fünfte Dimension

Wie aus den vorstehenden Erklärungen hervorgeht, wird Mutter Erde so oder so aufsteigen. Für mich ist es wichtig, möglichst vielen Menschenseelen die Vorgänge auf Mutter Erde zu erklären, damit sie die Möglichkeit haben, sich – sofern sie wollen – für den *Aufstieg* zu entscheiden.

Um besser zu verstehen, was dabei alles vor sich gehen muss, möchte ich hier darstellen, wie die individuelle Menschenseele mit ihrem Umfeld verstrickt ist.

Jede Seele ist ein individuelles, freies Wesen. Sie hat die Möglichkeit, sich von allen äußeren Einflüssen zu lösen und ihren eigenen Weg zu gehen. Es ist aber eminent wichtig zu wissen, dass diese einzelne Seele Teil eines kollektiven Bewusstseins ist, nämlich der Gruppenseele. Etwa 300 Seelen bilden seit Urzeiten eine geistige Gemeinschaft. Ein Teil davon ist jeweils inkarniert, die restlichen Seelen halten sich in den höheren *Dimensionen* auf. Mit diesen »Verwandten« vereinbart man sich immer wieder. In jedem Leben spielen diese Angehörigen eine wichtige Rolle. Viele gemeinsame Leben führen zu Prägungen, welche tief sitzen. So lernte unsere Seele im Laufe vieler Inkarnationen, sich an kollektiven Verhaltensmustern zu orientieren. Das Gruppenbewusstsein ist sehr ausgeprägt. Nun muss die Seele, welche frei sein will, auch willens sein aufzuhören, sich an den Verhaltensweisen des eigenen Umfeldes wie Verwandtschaft, Umfeld, Religion, Kultur etc. zu orientieren. Ja, die Seele muss sich wirklich dafür entscheiden, nur noch der inneren Stimme zu folgen. Erst dann findet eine wahrhaftige Befreiung statt.

Neben dem Gruppenbewusstsein sind wir in Völkerbewusstseine eingebunden. Über die Völkerbewusstseine wiederum bildet sich das gesamte Kollektivbewusstsein aller Menschen. Dies kommt über ein *morpho-*

genetisches Feld zum Ausdruck, welches uns alle miteinander verbindet.
Da kollektive Kräfte normalerweise energiereicher sind als die Kraft eines Einzelwesens, dominieren die übergeordneten Bewusstseine die Einzelseele. Es gibt nur einen Weg aus diesen Abhängigkeiten in die Freiheit des Seins: bewusste Befreiungsarbeit an sich selbst!

Nachfolgend möchte ich eine Wegleitung vermitteln, wie der Aufstieg erreicht werden kann.

Wegleitung für dich

Wenn ich hier nun einen Weg aufzeige, wie der *Aufstieg* erreicht werden kann, so möchte ich gleichzeitig nochmals auf Folgendes hinweisen: Niemand wird dich zum Aufstieg führen! Dies kannst nur du tun; durch einen klaren inneren Entscheid, durch konsequente Haltung und tägliches Üben der Liebe zu dir selbst und zu allem, was ist.

So bedeutet meine Wegleitung also einfach eine Aufforderung an dich, die Selbstverantwortung wahrzunehmen und den Weg gehen zu wollen.
Die Wegleitung beinhaltet eine Essenz der Schöpfungsgesetze, deren Anwendung bestimmt zu einer Frequenzerhöhung und damit in höhere *Dimension*en führt.

Schritte zu dir selbst

1. Wende dich von den Problemen des Lebens ab

Erklärung: In unserer Kultur ist ein Verhaltensmuster besonders stark verhaftet. Es wurde uns immer wieder eingetrichtert: »Stelle dich den Problemen des Lebens«; so wurden wir erzogen.
Nun besagt aber das wichtigste Schöpfungsgesetz:

Die Energie fließt dort, wo die Aufmerksamkeit ist!

Je intensiver und je länger du deinen Problemen Aufmerksamkeit schenkst, desto mehr Energie fließt dem Problem zu. Du machst damit die »Mücke zum Elefanten«. Willst du dies wirklich?
Das richtige Verhalten lautet: Nimm deine Probleme ohne jede Wertung zur Kenntnis (verdränge und ignoriere sie ja nicht) und richte dann deine ganze ungeteilte Aufmerksamkeit auf die Lösung. Wenn du dich so ausrichtest, fließt nun deinen Lösungen so viel Energie zu, dass diese zu »Elefanten« werden. Dies erleichtert dein Leben ungemein. Da unsere Verhaltensmuster aber tief in uns eingeprägt sind, braucht es Disziplin, um unsere Denkweise zu verändern.

Übe fleißig, zielorientiert zu sein.

Ist es dein Ziel, die negativen Ereignisse des Weltgeschehens noch mit Energie zu füttern?
Wenn nein, höre auf, dich damit auseinanderzusetzen. Beginne nun, dir deine persönliche Vorstellung von deinem Leben und vom idealen Zustand der Erde täglich in allen Farben auszumalen. Durchdringe dieses Bild mit Liebe und du leistest einen mächtigen Beitrag zur Gesundung der Welt und der menschlichen Gesellschaft.

Diese Verhaltensänderung hat nichts mit Egoismus zu tun. Nur die Hinwendung zur Selbstverwirklichung wird deine inneren Schleusen öffnen, damit du höhere Führung erfährst.

2. Visualisiere richtig

Alles, was ist, alles, was wird, ist aus göttlichem Geist geschaffen. Es gibt nichts, was nicht aus dieser Ur-Substanz materialisiert wurde. Darum wird ja auch in allen Religionen gelehrt, dass Geist über der Materie herrscht.
Perfekte Schöpfung kannst du dann manifestieren, wenn deine Absicht von Liebe durchdrungen ist und dem Wohle aller dient. Hast du also einen Wunsch, so hinterfrage zuerst, ob er egoistischen Motiven entspringt und ob er niemandem Schaden zufügt.
Wenn du dir klar bist, dass es ein Wunsch zum Wohle der Menschheit ist (du bist dabei auch ein Teil des Ganzen, es darf dir durchaus sehr gut dabei gehen), so visualisiere wie folgt:

- Mache dir ein klares Bild von dem, was du willst. Visualisiere ins »Hier und Jetzt«, als ob du deinen Wunsch schon erfüllt hättest. Je fokussierter du dabei bist, je klarer dein inneres Bild ist, desto mehr Kraft gibst du deinem Wunsch. Male dir dein inneres Bild in allen Details aus.

- Danke dann dem göttlichen Vater/Mutter-Ur-Prinzip für die Manifestierung deiner Absicht. Danke auch den Elementen des Feuers, dass sie deinen Wunsch mit der Kraft des göttlichen Geistes energetisieren. Danke den Elementen der Luft, dass sie deinen Wunsch in ein klares *ätherisches Bild* formen. Danke anschließend den Elementen des Wassers, dass sie das ätherische Bild mit der Kraft der Liebe (der positiven Emotion) magnetisieren. Dann danke schlussendlich den Elementen der Erde für die Materialisation deines Wunsches.

Und nun habe absolutes Vertrauen, dass es so ist!!!

3. Übernimm die volle Verantwortung für alles, was sich in deinem Leben abspielt

Während vielen Leben – bis zum heutigen Tag – haben sich unendlich viele Erfahrungen in unsere Seelen eingeprägt. Mangelerfahrungen, Ängste, Macht-/Ohnmachtserlebnisse, Fremdbestimmung haben unsere Verhaltensmuster geschaffen. Dies war in Ordnung, war es doch die menschliche Bestimmung, über die Polarität sich selbst zu erfahren und schließlich über Erkenntnisse in einen Prozess der Evolution hineinzuwachsen.

Da uns Gott den freien Willen gab, ist nie etwas geschehen, niemals haben wir etwas erfahren, mit dem unsere Seele nicht einverstanden war. Alle wesentlichen Ereignisse im Leben haben die Seelen selbst als Erfahrung gewählt. Auch das tiefgreifendste Opfererlebnis wurde von unserer Seele bejaht. Aus dieser Sichtweise sind das Opfer und der Täter also immer miteinander verbunden. Beide spielen das Spiel des Lebens, um dabei Weisheit zu erlangen. Was liegt da näher als zu lernen, als Opfer dem Täter aus tiefstem Herzen zu verzeihen und ihm zu danken, dass er diese Rolle im Lebensspiel übernommen hat? Was liegt da näher, als auch als Täter das Opfer um Verzeihung zu bitten und insbesondere auch, sich selbst zu verzeihen?

Nun, die meisten Seelen haben nun genug erfahren; es stellt sich bei den meisten ein tiefer Wunsch nach Frieden, nach Einssein in Liebe ein.

Da du den freien Willen hast, liegt es nur bei dir, wofür du dich entscheidest. Fühlst auch du die tiefe Sehnsucht in dir, nun inneren Frieden zu finden und in der Liebe der eigenen Gottgegenwart im eigenen Herzen geborgen zu sein?

Wenn du so fühlst, dann entscheide dich dafür. Gehe nun ganz in die Selbstverantwortung und wisse, dass alles, was war, in Ordnung ist. Sei dir klar, dass du jederzeit die Möglichkeit hast, dein Leben komplett zu ändern, indem du dich dafür entscheidest.

Nur wenn du aus Schuldzuweisungen herausgehst und die volle Selbstverantwortung lebst, bauen sich weitere wunderbare Aspekte des Lebens auf, nämlich:

- Selbstliebe
- Selbstbestimmung
- Selbstakzeptanz
- Selbstverwirklichung
- Selbstheilung
- Einswerdung mit dem eigenen göttlichen Kern
- Erlösung
- Erleuchtung

4. Lebe aus dem Herzen

Wir Menschen sind praktisch alle entweder links hirnlastig (analytisch dominiert) oder rechts hirnlastig (emotional dominiert). Nur Wenigen ist es von Natur aus gegeben, dass ihr Hirn im Gleichgewicht funktioniert. Es herrscht also in uns noch immer das »Entweder-oder-Prinzip«. Sind wir irgendwelchen Lebensumständen ausgesetzt, so reagieren wir entweder sofort über den Verstand oder die Gefühle. Wenn wir aber reagieren anstatt zu agieren, so sind wir den Lebensumständen ausgeliefert. Es gilt also, zentriert, wertungsfrei und gelassen im Leben drinzustehen. Wie gelingt uns dies?

XANTILUTHI, ein Wesen, welches mir viele Informationen zukommen ließ, hatte einmal gesagt: Wenn es dir gelingt, im Alltag im Herzen zu sein, so werden im Alltag Wunder wahr!

Diese Aussage hat mich tief geprägt. So begann ich, den Zustand, im Herzen zu sein, richtig zu üben. So kann ich dir bestätigen, dass ich seither viele Wunder im Alltag erlebt habe.

Darum fordere ich dich auf:
Lerne nun, im Alltag im Herzen zu sein. Dies bedeutet nichts weniger, als dass du deiner Kopflastigkeit oder Bauchlastigkeit aufkündigst und du es nicht länger zulässt, dass Gefühle oder Gedanken die Macht über dich besitzen. Gefühle und Gedanken reagieren aufgrund vergangener Erfahrungen. Willst du aber frei agieren, müssen die Impulse von oben kommen. Innere Führung bedeutet, tief aus dem eigenen Herzen dem göttlichen Prinzip, der göttlichen All-Intelligenz zu vertrauen und sich dieser Führung bedingungslos anzuvertrauen. Dadurch bekommst du die Impulse direkt in deinem eigenen Herzen. Du weißt immer, ohne nachzudenken, ob etwas positiv (im Sinne des Lichtes) und damit

wohltuend oder negativ (belastend) ist. Es ist nicht leicht, den Situationen des Lebens zunächst nur beobachtend gegenüber zu stehen, die Lebensumstände in Liebe zu betrachten und dann erst zu überlegen, was dies für dich zu bedeuten hat.

Wenn du ganz im Herzen bist, öffnen sich in dir die Tore zum göttlichen Quell und du wirst höhere Führung erfahren in Form deiner inneren Stimme, von Ja/ Nein-Impulsen etc., einfach von intuitivem Wahrnehmen. Entscheidest du dich nun aufgrund dieses inneren Wahrnehmens, ist die daraus folgende *Manifestation* im Einklang mit der höheren Führung.

- Nur im Herzen hört man gut
- Nur im Herzen bist du wertungsfrei
- Nur im Herzen bist du eins mit der alleinigen Gottgegenwart
- Nur im Herzen erlebst du innere Führung
- Nur aus dem Herzen lebst du die wahre Liebe

Aufstieg in die fünfte *Dimension* bedeutet genau dies. Lebe in Liebe, lebe aus dem Herzen, sei wertungsfrei und anerkenne die Liebe Gottes in Allem-was-ist.

5. Steige aus dem Kampf und Krampf des Lebens aus

Noch funktionieren wir Menschen nach den alten Lebensweisheiten. Wir glauben, wenn wir nur genug arbeiten, uns abrackern, fürs Alter vorsorgen, materielle Güter anhäufen, dass wir dann den Lebenszweck erfüllen. Kann dies wirklich der Sinn des Lebens sein?

Diese Lebensweise kommt von den tief sitzenden Ängsten, nicht genug zu haben oder zu bekommen, welche noch in uns wirken. Ebenfalls ist es die erklärte Absicht gewisser Machthaber auf Erden, die Masse der Menschen als Manipuliermasse zu missbrauchen. Es ist jetzt an der Zeit, aus Zukunftsängsten herauszuwachsen ins tiefe Gottvertrauen. Dann hören wir auch auf, dem Mammon zu dienen und willfährige Opfer der Machthaber zu sein.

Jetzt ist die Zeit, wo du dir deinem wahren Sinn des Lebens gewahr werden sollst. Statt einem »Brotberuf« nachzugehen, höre in dein Herz hinein und werde dir klar, was du wirklich willst. Suche dir jetzt deine Berufung! Deine wahre Lebensaufgabe wird dich glücklich machen und dich zu echter Hingabe ans Leben befähigen. Dies wiederum setzt die Kräfte der Schöpfung frei und das führt zu Gefühlen innerer Zufriedenheit, der Gottverbundenheit, der Liebe und zu absoluter Hingabe an das Leben. Ein Füllestrom wird einsetzen, der dich von alten Mangelerscheinungen (Folgen der Angstmuster) befreit.

Wo erfährst du deine wahre Berufung? Nur im eigenen Herzen empfängst du die Impulse aus der höheren göttlichen Führung. Erwarte also keine Antworten im Außen. Kein Berater wird dir die Antwort geben können, denn dann wärst du schon wieder fremdbestimmt.

6. Nimm dir Zeit für dich selbst und für die Meditation

Wie wir vorhin gehört haben, ist wahre innere Führung nur aus dem eigenen Herzen möglich. Kein Guru wird dich erleuchten, denn Erleuchtung ist ein innerer Prozess der Selbstfindung zur Selbstliebe und zurück zu absolutem Gottvertrauen.

Diese Aspekte der Erleuchtung bedürfen der Ruhe, der inneren Gelassenheit, der Hinwendung an den eigenen Seelenkern.

Deshalb empfehle ich dir, der Hektik des Alltags abzuschwören und dein Leben neu zu gestalten. Strukturiere deinen Tag, damit genug Zeit für Ruhe und Meditation da ist. Gehe in die Natur und lerne, jedes Pflänzchen, jedes Tier, jedes Mineral und Alles-was-ist als wunderbaren Ausdruck der Liebe Gottes zu sehen. Dein Herz wird überfließen vor Freude.
Nimm dir auch täglich wenigstens 10 Minuten Zeit für eine Meditation.

Gerne mache ich auf den nachfolgenden Seiten zwei Meditationsvorschläge für dich. Dabei ist die Wortwahl eher zweitrangig. Wichtig ist die absolute Hingabe an den göttlichen Quell und das absolute Loslassen des eigenen Wollens.

Meditation 1:

Wenn du gerne im Liegen meditierst, dann lege dich hin. Meditierst du aber lieber im Sitzen, so begebe dich in den Lotussitz oder setze dich auf einen Stuhl. Mache es dir möglichst bequem, damit es dir absolut wohl ist. Nun beginne, dich auf deinen eigenen Atem zu konzentrieren. Sei dabei einfach Beobachter und du wirst feststellen, wie dein Atem sich wie von selbst in einen ruhigen Rhythmus begibt. Dein Atem verbindet dich mit Allem-was-ist. Fühle dich geborgen und behütet.

Ganz allmählich lenkst du deine Aufmerksamkeit nun mitten in dein Herzchakra. Dies ist der Sitz deiner eigenen Gott-Gegenwart, deines eigenen Seelenkerns. Alle äußeren Wahrnehmungen werden nun schwächer, bis sie ganz verblassen. Nun bist du ganz in deinem Herzenskern angekommen. Hier ist nur Liebe, nur Licht und du spürst die absolute Freiheit wertungsfreien Seins.

Du bist zuhause – in des Vaters Hause – angekommen.
Genieße es, eins zu sein mit dem Kern deiner Seele. Spüre die Kraft der Liebe, die in dir wohnt, spüre die Reinheit des Lichtes, welches aus deinem Herzen strahlt. Licht und Liebe führen dich in die Einheit allen Seins.

Stelle dir nun vor, wie deine strahlende Gottgegenwart über deinen Scheitel mit dem allmächtigen Vater-/Mutter-Gott verbunden ist. Sobald du die untrennbare Einheit zwischen dir und dem Ur-Schöpfergott wahrnimmst, so stelle dir vor, wie du über dein Wurzelchakra absolut eins bist mit der *Blume des Lebens*, dem Wesenskern unserer lieben Mutter Erde.
Du bist nun oben und unten mächtig verankert und die dreieinige Schöpfungskraft durchfließt dich in idealem Maße. Genieße es, von reinster Schöpfungskraft durchflossen zu sein.

Nun kann der Himmel dich beschenken, denn du hast dich dem göttlichen Geist und der göttlichen Liebe ganz geöffnet.

Beschließe, in jedem Augenblick deines Seins so mit den Schöpfungskräften verbunden zu sein.

Hast du nun Wünsche, so visualisiere sie im Sinne der Liebe und zum Wohle des Ganzen in diesen Schöpfungsstrom hinein. Danke dem göttlichen Ur-Schöpferprinzip für die Verwirklichung. Danke allen Elementen für die *Emanation, Manifestation* und Materialisation deiner Idee. Schließe deinen Wunsch mit dem Gedanken ab: »So sei es!« oder: »So Gott will!«

Nach Abschluss dieses Schöpfungsaktes kehre wieder ganz in dein Herz zurück. Fühle wiederum die Einheit, das Geborgensein in der Liebe und im Licht. Du erkennst, dass alles aus dem Fließen der Schöpfungskräfte geboren wird und du nichts mehr erzwingen musst. Du bist ganz ruhig und hast absolutes Vertrauen.

Du beginnst nun wieder, deinen Atem wahrzunehmen und bemerkst, wie deine Atmung den Rhythmus des Lebens zum Ausdruck bringt. Du bist glücklich und zufrieden und hast nur den einen Wunsch: die Liebe Gottes auf Erden zu sein!

Meditation 2:

Anmerkung: Es wurde angesagt, dass die meisten der fünftdimensionalen Menschen wieder 60 – 65 % des Hirnvolumens nutzen werden. Dies ist ein gewaltiger Entwicklungsschritt von den heutigen 5 – 10 %. Dieses Erwachen unseres Hirns kann meditativ ganz kraftvoll unterstützt werden. In der Rückschau – z.B. nach einem halben Jahr intensiver Meditation – erkennt man dann sehr gut, wie es das *ganzheitliche* Denken und Verständnis gefördert hat.
So lade ich dich ein, wöchentlich ein bis zwei derartige Meditationen durchzuführen. Auch hier gilt: Einmal ist keinmal. Es braucht auch hier Ausdauer und Durchhaltewillen für einen gewaltigen Fortschritt!

Nachdem du deine ideale Meditationshaltung eingenommen hast, beginne dich ganz auf deinen Atem zu konzentrieren. Sei dabei einfach Beobachter und du wirst feststellen, wie dein Atem sich wie von selbst in einen ruhigen Rhythmus begibt. Dein Atem verbindet dich mit Allem-was-ist. Fühle dich geborgen und behütet.

Ganz allmählich lenkst du deine Aufmerksamkeit nun mitten in dein Herzchakra. Dies ist der Sitz deiner eigenen Gott-Gegenwart, deines eigenen Seelenkerns. Alle äußeren Wahrnehmungen werden nun schwächer, bis sie ganz verblassen. Nun bist du ganz in deinem Herzenskern angekommen. Hier ist nur Liebe, nur Licht und du spürst die absolute Freiheit wertungsfreien Seins.
Du bist zuhause – in des Vaters Hause – angekommen. Genieße es, eins zu sein mit dem Kern deiner Seele. Spüre die Kraft der Liebe, die in dir wohnt, spüre die Reinheit des Lichtes, welches aus deinem Herzen strahlt. Licht und Liebe führen dich in die Einheit allen Seins.

Stelle dir nun vor, wie deine

strahlende Gottgegenwart über deinen Scheitel mit dem allmächtigen Vater-/Mutter-Gott verbunden ist. Sobald du die untrennbare Einheit zwischen dir und dem Ur-Schöpfergott wahrnimmst, stelle dir vor, wie du über dein Wurzelchakra absolut eins bist mit der *Blume des Lebens*, dem Wesenskern unserer lieben Mutter Erde.
Du bist nun oben und unten mächtig verankert und die dreieinige Schöpfungskraft durchfließt dich in idealem Maße. Genieße es, von reinster Schöpfungskraft durchflossen zu sein.

Konzentriere dich nun auf dein Gehirn. Rufe dabei die höchstmögliche Konzentration der Schöpfungskräfte in deinen Kopf und bitte um Unterstützung für deine Absicht. Nun stelle dir vor, wie sich deine zwei Hirnhälften energetisch völlig ausgleichen. Egal ob rechts- oder links-hirnlastig, es stellt sich nun ein ideales Gleichgewicht ein. Dabei wird die Energie immer stärker. Dadurch beginnen nun die schlafenden Hirnzellen zu erwachen. Zelle um Zelle erwacht, die Hirnzellen erwachen zu Tausenden. Das Hirnnutzungsvolumen dehnt sich aus. Perfektes Gleichgewicht der Hirnhälften hat sich nun manifestiert. Dadurch werden die *Schleier des Vergessens* gelüftet und es stellt sich ein *ganzheitliches* Verstehen der Schöpfung ein. Du bist aus tiefstem Herzen dankbar für diese Entwicklung.

Immer wieder wiederholst du diese Visualisation. Du siehst dein Hirn in absolutem Gleichgewichtszustand und mit dem maximalen Hirnnutzungsvolumen, bis du spürst, dass eine leichte Ermüdung eintritt. Jetzt dankst du allen *geistigen Helfern* für die Fortschritte, die du machen durftest, und deine Aufmerksamkeit kehrt wieder ins eigene Herz zurück.

Genieße den Zustand, in der Liebe deiner eigenen Gottgegenwart geborgen zu sein und werde ganz ruhig. In fröhlicher Gelassenheit kehrst du mit deinem Bewusstsein nun in die Wahrnehmung der äußeren Erscheinungen zurück.

Durch diese Meditation fördern wir ganz kräftig den Wiederaufbau der 12-Strang-DNA.

Dies sind nur zwei Beispiele, wie man gut meditieren kann. Jeder Anwender findet da bestimmt seinen eigenen Weg. Wichtig sind:

- Völliges Eintauchen in das eigene Herz
- Absolute Hingabe
- Bedingungsloses Anvertrauen an den göttlichen Urquell
- Saubere Ausrichtung der Schöpfungsenergie, die Energie soll fließen.

7. Lebe ein Lebensmotto

Wenn du deinen Weg diszipliniert und ausdauernd gehen willst, macht es Sinn, sich ein Leitmotiv zu eigen zu machen, welches man als Motivator täglich mehrere Male gedanklich oder als gesprochenes Wort wiederholt.

Ich selbst habe mir vor über dreizehn Jahren folgenden Spruch formuliert und ich sage oder denke ihn täglich in den ersten Stunden nach dem Aufstehen mindestens sieben Mal:

»Ich bin ausgerichteter Wille Gottes!«

Ich visualisiere dabei auch gleich den vertikalen göttlichen Energiefluss, welcher mich in idealem Maße durchfließt. Dadurch geht jeden Morgen ein Ruck durch mich hindurch und ich habe für mich wieder festgelegt, wofür ich leben will.

So möchte ich dich auch dazu motivieren: Überlege dir, wofür du leben möchtest und lege dir den entsprechenden Leitsatz zu.

Du siehst, mit etwas Disziplin, mit Selbstverantwortung können wir unser Leben in eine ganz neue Richtung lenken. Je konsequenter wir dabei sind (ohne sich dabei unter Druck zu setzen), desto mehr öffnen sich unsere Lichtkanäle und die verborgenen Fähigkeiten erwachen.

Das Erwachen, die innere Öffnung erweitert dann unser Bewusstsein und die Schwingung erhöht sich. So wachsen wir automatisch in die fünfte *Dimension* hinein.

Um den Überblick über die 7 Schritte zu erleichtern, wollen wir hier die entsprechenden Titel noch zusammenfassen:

1. **Wende dich von den Problemen des Lebens ab**
   Die Energie fließt dort, wo die Aufmerksamkeit ist
2. **Visualisiere richtig**
   Stichworte: Feuer – Luft – Wasser – Erde
3. **Übernimm die volle Verantwortung für alles, was sich in deinem Leben abspielt**
4. **Lebe aus dem Herzen**
5. **Steige aus dem Kampf und Krampf des Lebens aus**
6. **Nimm dir Zeit für dich und für die Meditation**
7. **Lebe ein Lebensmotto**

Hilfsmittel

Als ich vor über zwanzig Jahren meinen inneren Auftrag erkannte, beinhaltete dies auch die Aufgabe, nach Anweisung von *aufgestiegenen Meistern und Meisterinnen* aus der *Weißen Bruderschaft* Hilfsmittel zu erschaffen und den Menschen zur Verfügung zu stellen.

Dabei wurden mir und auch anderen *Lichtarbeitern* Technologien zur Verfügung gestellt, welche vorher nur zu Zeiten der Hochblüte in Atlantis auf Erden angewendet wurden.

Diese Lichtwerkzeuge beinhalten im Wesentlichen folgende Eigenschaften:

- Sie enthalten ein Rufritual, welches höchste Schöpfungskräfte (Tachyonen) konzentriert
- Sie sind mit der Information des *kabbalistischen Lebensbaums* versehen und übertragen so das Verständnis für die Schöpfungsgesetze
- Sie bauen Lichtfelder auf
- Sie sind für bestimmte Aufgaben »trainiert«
- Sie sind absolut frei von negativen Informationen
- Sie enthalten größtenteils Elemente der *heiligen Geometrie*
- Sie haben eine extrem hohe Schwingung
- Sie sind nach den Prinzipien der *heiligen Dreifaltigkeit* erschaffen

Zweck dieser Produkte ist es, die Menschen bei ihrem inneren Erwachen und in ihrem Aufstiegsprozess zu unterstützen. FOSTAC® Produkte verbinden mit dem Lichtquell und sie fördern das Verständnis für die Schöpfungsgesetze.

Es gibt Menschen, die glauben, man sollte den Weg auch ohne Hilfsmittel gehen können. Dies ist richtig. Ein solcher Entscheid sollte aber nicht aus falschem Stolz gefällt werden. Jeder Mensch wäre fähig, mit bloßen

Händen ein Loch in die Erde zu graben. Wir nehmen aber ganz selbstverständlich eine Schaufel zur Hand, weil es leichter geht. Macht doch Sinn, nicht wahr? So ist es auch mit den FOSTAC® Produkten. Sie erleichtern den Weg, den wir gehen wollen, und sie beschleunigen die Entwicklung. Dies ist jetzt ein wichtiger Faktor, denn Mutter Erde steigt auf, und wer mit unserer Erde nicht Schritt hält, wird nicht dabei sein.

FOSTAC® Produkte sollten bei der Wahl unbedingt *kinesiologisch* oder mit dem Pendel ausgetestet werden. Vertraue dich dazu einer zuverlässigen Fachperson an, welche keinerlei kommerzielle Interessen am Resultat hat. Neutrale Haltung ist absolute Voraussetzung für zuverlässige, intuitive Testung. Zeigt der Test *Resonanz* an, dann ist das hohe Selbst des Anwenders in der Lage, dieses Werkzeug zu steuern und höchsten Nutzen aus der Anwendung zu ziehen.

Die Firma FOSTAC hat im Laufe der Jahre über 300 Produkte erschaffen. Wer sich dafür interessiert oder wer gerne in Seminaren mehr erfahren will, der kann sich unter **www.fostac.ch** weiter informieren.

Im Nachfolgenden möchte ich nur einige wenige Produkte in Kurzform vorstellen, welche den Aufstiegsprozess ganz konkret unterstützen.

Produkte zur persönlichen Anwendung

DER ZAUBERSTAB

In uns entwickelt sich dadurch das *dritte Auge* zu *ganzheitlicher Wahrnehmung* und die Liebe des Herzens bestimmt alle unsere Handlungen. Dadurch werden wir zu Heilern. Der ZAUBERSTAB bedeutet also einen Entwicklungszustand, welcher zum Ausdruck bringt, dass wir wieder ganz im Sinne des Höchsten leben.

Der Name ist seit Jahrtausenden in der kabbalistischen Lehre bekannt. Deshalb haben wir – um bei spirituell geschulten Leuten keine Verwirrung zu stiften – unser Produkt ebenfalls so benannt. Der ZAUBERSTAB wird in jedem von uns entstehen, wenn wir unsere Mitte gefunden haben, zentriert leben, die Liebe alle unsere Handlungen bestimmt und die göttliche Führung unsere Verhaltensmuster erlöst hat. Wir leben dann nach den Prinzipien der *heiligen Dreifaltigkeit*.
Dies ist der ZAUBERSTAB.

Der ZAUBERSTAB enthält alle Informationen, welche für diese Entwicklung notwendig sind.

DER FOSTAC CHIP

Dieser **CHIP** dient zur *Harmonisierung* von Mikrowellenstrahlen, seien es Mobilfunk, WLAN-Systeme, Funktelefone (DECT) o.a.

Alle Mikrowellensysteme sind gesundheitsschädigend und sie dienen den Machthabern als Mittel zur Manipulation der Menschen. Wollen wir uns dies noch gefallen lassen?

Die Wirksamkeit ist wissenschaftlich geprüft (siehe Homepage **www.fostac.ch**).

DER SEESTERN

Der **SEESTERN** ist ein Schutzanhänger. Sein Energiefeld *harmonisiert* die negativen Einflüsse aus dem Umfeld (Elektrosmog, WLAN, Satellitenstrahlung, negative Erdmagnetfelder, unangenehme Einflüsse von Mitmenschen usw.). Das Symbol des Pentagramms symbolisiert perfekte Schöpfung. Die goldene Farbe dient zur Integration aller Aspekte des Lebens.

Der **SEESTERN** ist ein sehr wirksames Produkt, welches neben der Schutzwirkung auch zentrierend wirkt. Der Anwender steht ruhiger und gelassener im Leben.

Dies waren drei Beispiele sehr wirksamer Produkte für die persönliche Anwendung.

Da unser Umfeld sehr belastet ist, z.B. durch Luftverschmutzung, radioaktive Belastungen, Elektrosmog, Erdmagnetfelder, Wasseradern etc., brauchen wir Menschen viel Energie, um uns gegen diese Belastungen zu wehren. Viel vernünftiger ist es, das Umfeld im eigenen Einflussbereich zu *harmonisieren*. Dadurch steht die ganze Lebenskraft für die eigene Entwicklung, für den *Aufstieg*, für evolutionäre Prozesse zur Verfügung.
Deshalb stelle ich hier auch *Harmonisierungsprodukte* für das persönliche Umfeld vor:

BIOPHOENIX® PRODUKTE

BIOPHOENIX® PRODUKTE durchdringen Alles-was-ist mit reinem, hoch konzentriertem Licht. Auf Dauer reagiert alles auf diesen Lichtzufluss. Das Ziel ist Erleuchtung von allem, was atmet, um es im Aufstieg in die fünfte *Dimension* zu unterstützen.

Je nach persönlicher Verfassung können zur *Harmonisierung* von Wohnungen, Häusern, Büros etc. folgende Produkte verwendet werden (bitte austesten):

- LANTOS PYRAMIDE
- DOPPEL-LANTOS PYRAMIDE
- KUGEL 125 mit Y-PRISMEN

Für die *Harmonisierung* von Elektrosmog muss mit zusätzlichen Produkten wie ELECTRIC PLATTE, FOSTAC CHIP und SANA LEA gearbeitet werden.

Die genaue Beschreibung der Produkte findest du auf der Homepage **www.fostac.ch**.

LICHTTEMPEL

Der **LICHTTEMPEL** ist nach den Prinzipien der *heiligen Geometrie* gebaut und hat die Form eines Pentagramms. Er baut ein großes Feld von ca. 40 – 45 m auf, in welchem, abgesehen von Elektrosmog, sämtliche Störfaktoren *harmonisiert* werden.

Für die *Harmonisierung* von Elektrosmog muss mit zusätzlichen Produkten wie ELECTRIC PLATTE, FOSTAC CHIP und SANA LEA gearbeitet werden.

FOSTAC MAXIMUS®

Der **FOSTAC MAXIMUS®** wurde vor drei Jahren zu uns geführt. Seine Wirkung beruht auf einer wieder für die Menschen zugänglich gemachten Technologie aus Atlantis.

Der **FOSTAC MAXIMUS®** wird ans elektrische Netz angeschlossen oder am elektrischen Netz angebracht. Die verschiedenen Typen sind geeignet für die Anwendung in Wohnungen, Häusern, Büros, Gewerbe- und Industriebetrieben.

Nach dem Einbau eines **FOSTAC MAXIMUS®** baut sich ein großes, hoch dichtes Elektronenfeld auf, welches nun beginnt, das Umfeld des Anwenders zu *harmonisieren*. Es werden alle negativen Informationen innerhalb dieses Feldes aufgelöst. Während diesem Prozess durchläuft der **FOSTAC MAXIMUS®** alle Farbfrequenzen des Regenbogens. So entsteht schließlich ein reines, hoch schwingendes Weißlicht-Energiefeld, welches bereits der fünften *Dimension* entspricht. Dieser Vorgang dauert je nach örtlicher Belastung unterschiedlich lange. Es gibt teilweise noch hartnäckige Widerstände, bis sich die negativen Programme in Licht aufgelöst haben.

Nach dem Aufbau dieses Feldes beginnt der **FOSTAC MAXIMUS®**, seine Energie auch im elektrischen Netz zu verbreiten. Auch die negativen Informationen auf den Elektronen des Stromes werden bereinigt. Dadurch entfalten die Elektronen mittels *Spinerhöhung* mehr Energie, was den Stromverbrauch senken kann.

Genaueres erfährst du direkt beim Hersteller.

AIRWELL UND AIRWELLINO

Der **AIRWELL** wurde uns vor zwei Jahren gegeben. Es ist ein Auftrag an uns Menschen, der ganzen Luftverschmutzung wieder Herr zu werden. Daher stelle ich hier folgende Fragen:

Hat radioaktive Belastung noch etwas in der fünften *Dimension* zu suchen?
Hat Luftverschmutzung noch etwas in der fünften Dimension zu suchen?

Bestimmt gehst du mit mir einig, dass wir Menschen unseren Beitrag zur Heilung von Mutter Erde leisten sollten.

Mit dem **AIRWELL** oder **AIRWELLINO** haben wir die Möglichkeit, uns selbst ein wunderschönes Design-Produkt in unser Heim oder an unseren Arbeitsort zu stellen. Gleichzeitig tun wir etwas für die Gesundung unserer Erde. Dabei wird Folgendes bewirkt:

- volle *Harmonisierung* aller Strahlenbelastungen im Umkreis von 45 – 70 m mit Ausnahme des Elektrosmogs, welcher durch die vorher erwähnten Produkte harmonisiert wird

- Luftreinigung im Umkreis von < 2'000 m

- Harmonisierung von Radonstrahlung und radioaktiver Belastung (wichtig: Wir lösen die Strahlung nicht auf; die Wellenlängen werden der Schwingung des Kohlenstoffes angepasst. Dadurch wird die Strahlung unschädlich)

- Aufbau eines *morphogenetischen Feldes* durch die energetische Verbindung vieler **AIRWELL**-Geräte. Dadurch wird die ganze Luft bzw. Atmosphäre gereinigt.

Es wäre hier auch möglich, Hunderte von Referenzen aufzuführen. Sollten dich Erfahrungsberichte begeisterter Anwender interessieren, dann informiere dich ebenfalls über die Homepage **www.fostac.ch** oder **www.fostac-technologies.ch**.

Schlussbemerkungen

In den vorherigen Kapiteln wollte ich dich für die Idee des *Aufstiegs* in die fünfte *Dimension* begeistern. Es war mir ein Anliegen, in aller Kürze die wichtigsten Informationen zu vermitteln. Ebenfalls wollte ich dir eine einfache Anleitung geben, wie es einem gelingen kann, den Weg wirklich zu gehen. Wenn es mir gelungen ist, in dir ein Feuer zu entfachen, welches dich animiert hat, eine innere Entscheidung zu treffen, dann betrachte ich meinen Auftrag als erfüllt. Hast du dich bewusst für deinen »Weg nach Hause« entschieden? Bist du nun bereit, täglich dein Leben in Liebe zu gestalten? Bist du nun bereit, anstatt ohnmächtig im Lebenskampf drin zu bleiben, jetzt den Weg ins Herz und ins bedingungslose Gottvertrauen zu gehen?

Tue es für dich. Du kehrst dabei zurück in den »Garten Eden«. Was kann es Schöneres geben, als wieder in der vollen Schöpfungskraft zu sein, Liebe, Freiheit, Fülle und Geborgenheit in tiefster Verbundenheit mit dem göttlichen All-Eins zu erleben? Ich wünsche es dir aus tiefstem Herzen.

Sei gesegnet.

Glossar

Hier sind die wichtigsten Begriffe aufgeführt, welche eventuell noch nicht allen Lesern verständlich sind. Die Texte sind nicht aus einem Lexikon, sondern von mir aus dem Bauch heraus beschrieben, damit der Leser versteht, was ich persönlich damit meine.

Aufstieg

Alle menschlichen Seelen tragen eine natürliche Sehnsucht in sich, auf einer höheren Daseinsebene (höhere *Dimension*) weiter zu existieren. Die Entwicklung in eine höhere Ebene (Lichtdimension) einzelner Seelen oder ganzer Seelengruppen bezeichnet man als Aufstieg.

Aufgestiegene Meister

Der Aufstieg von Seelen in höhere *Dimension*en ist mit der Erlangung von Weisheit, der Integration von Liebe, Güte und Hingabe verbunden. Wenn alle Aspekte des Lebens in Liebe, absolut wertungsfrei und zum Wohle des Ganzen gelebt werden, befreit sich die menschliche Seele dadurch von weiteren Inkarnationen. Nun darf die Seele auf höherer Ebene weiterleben, da sie die Meisterschaft erworben hat. Diese Meisterenergien stellen sich dann in den Dienst des Ganzen und helfen den nicht aufgestiegenen Seelen, soweit diese es durch ihren freien Willen zulassen.

Ätherisches Bild

Ätherische Bilder entstehen zwingend bei jeder gedanklichen Auseinandersetzung mit einer Idee. Es entsteht ein inneres Bild, welches wiederum Emotionen weckt. Dadurch entsteht ein elektro-magnetisches Feld (Elektro = Geist, Idee; Magnetismus = Emotion, Empfinden). Ätherische Bilder sind die Blaupausen, die Matrixen für alle Materialisation. Ätherische Bilder können als innere Bilder, als Emotionen wahrgenommen werden oder nach ihrer Materialisation zu materiellen Erfahrungen führen.

Blume des Lebens

Die Blume des Lebens ist eine perfekte grafische Darstellung der Schöpfungsvorgänge. Sie bringt dadurch höchstes Bewusstsein zum Ausdruck. In diesem Buch wurde der Begriff im Sinne des höchsten Bewusstseins unserer Mutter Erde verwendet.

Chakra/Chakren

Chakren sind *feinstoffliche*, also nicht-materielle Energiezentren in unserem Körper. Sie sind Bewusstseinsebenen, welche auf bestimmte Farbfrequenzen eingestellt sind. Sie wirken als Verbindungsebenen, als Transmitter zwischen Körper, Seele und Geist. Unser Körper reagiert über die Drüsensysteme und den Solar Plexus (das Sonnengeflecht) auf die Impulse der Chakren.

Dimension

Die grafische Darstellung und die im Buch gemachten Erläuterungen sollten schon eine Ahnung über Dimensionen vermittelt haben.

So halten wir hier noch einmal fest: Dimensionen (insgesamt 12 in unserer Galaxie) sind Schwingungsebenen, vergleichbar mit den Oktaven in der Musik. Die tiefsten Frequenzen finden wir in der dreidimensionalen Welt, welche die räumliche Erfahrung ermöglicht. Die nächste Dimension (Schwingungsoktave) erlaubt uns zeitliche Erfahrung. Ab der fünften Dimension tauchen wir in die Ewigkeit ein, da ist alles zeitgleich. Je höher die Schwingung ist, desto mehr Licht und Energieintensität ist da. Ab Dimension fünf können wir nur in der Liebe existieren.

Drittes Auge

Als drittes Auge bezeichnet man auch das sechste Hauptchakra, welches sich einen Finger breit oberhalb der Augenbrauenmitte (Stirn) im Kopf befindet. Es ist mit der Zirbeldrüse verbunden.

Wird das sechste Chakra aktiviert, öffnet es unsere Wahrnehmung in die höheren Daseinsebenen. Wir sind in der Lage, uns ganz auf die göttliche All-Intelligenz einzustimmen, uns von dort Informationen zu besorgen und uns führen zu lassen. Dadurch sind unsere Sinne erweitert. Daher wird dieses Chakra so bezeichnet.

Emanation

Als Emanation bezeichnet man den göttlichen Geist in Aktion. Das Hervorgehen des Universums bzw. aller Erscheinungen setzt voraus, dass unsere göttliche All-Intelligenz Visionen erschafft, welche alles ins Fließen bringen.

Feinstofflich

Als feinstofflich bezeichnet man alle *Manifestationen*, welche nicht körperlich, materiell, wahrnehmbar sind.

Feinstoffliche Energien können nur mit der Gabe der Feinfühligkeit, der Hellsichtigkeit oder anderer übersinnlicher Wahrnehmungen erfahren werden. Unsere Aura und unsere Seele sind z.B. solche Gefüge.

Ganzheitlich

Ganzheitlich beschreibt eine Betrachtungsweise, welche auf einem umfassenden Weltbild basiert. Ganzheitliches Denken, ganzheitliches Handeln dient dem Wohle des Ganzen, seien es Menschen, Tiere, Pflanzen oder Mineralien.

Geistige Helfer

Geistige Helfer sind Wesen, welche in höheren Ebenen existieren. Sie sind uns Menschen in Liebe verbunden und unterstützen uns, wo immer sie dürfen. Geistige Helfer haben den freien Willen der Menschen unbedingt zu respektieren. Darum erfahren natürlich nur diejenigen Hilfe, die auch dafür offen sind. Wer geistige Helfer als inexistent betrachtet, wird auch keine Hilfe wahrnehmen können.

Geistige Helfer existieren als Erzengel, Engel, Schutzengel, aufgestiegene Meisterinnen und

Meister oder auch als bereits recht weise gewordene Menschenseelen, die gerade nicht inkarniert sind.

Harmonisierung

Die Harmonisierung von Wohn- und Arbeitsstätten dient der energetischen Entlastung der Bewohner. Die Menschen haben unsere Mutter Erde durch ihre Gedanken, Emotionen und Taten extrem geprägt. Alles, was je geschah, ist im Erdmagnetfeld der Erde abgespeichert. So sind rund 70 % der gespeicherten Informationen negativ und nur 30 % positiv. Dies ist ein exaktes Abbild von unseren menschlichen Denk- und Verhaltensweisen.

Um Menschen, die willens sind, sich weiterzuentwickeln und aus negativen Prägungen herauszuwachsen, aber auch um kranken und anfälligen Menschen zu helfen, besteht die Möglichkeit, diese belastenden, negativen Energieformen umzupolen und dadurch positiv zu machen (Änderung des Elektronen*spins*). Die Bewohner werden dadurch entlastet und können ihr Potential voll für ihre Ziele verwenden.

Da alles Leben Energiefluss braucht, ist zu beachten, dass negative Belastungen nicht abgeschirmt, isoliert, neutralisiert oder abgeschottet werden sollten. Nein, negative Energien sollen in positive umgewandelt werden, damit sie den Lebewesen zugute kommen.

Heilige Dreifaltigkeit

Dieser Begriff ist den meisten Menschen aus der Religion bekannt. Damit aus dem göttlichen Ur-Prinzip Schöpfung entstehen kann, müssen Voraussetzungen geschaffen werden. Die heilige Dreifaltigkeit besteht erstens aus Licht (Elektronen); dies ist die Trägersubstanz, welche alle Schöpfungsabsichten aufnimmt und in die Materialisation führt. Das zweite Schöpfungsprinzip ist die Liebe, welche sich in der

Materie zum Ausdruck bringen will. Die dritte Kraft ist der göttliche Schöpfungswille oder die göttliche Intelligenz, welche die Schöpfungsabsichten in Form von Visionen oder Gedanken in die Welt setzt.

Gott Vater (Licht), Gott Sohn (Liebe), heiliger Geist (göttliche Intelligenz) – so hätten uns die Religionen die Dreifaltigkeit erklären sollen.

Heilige Geometrie

Die Heilige Geometrie ist eine uralte, kabbalistische Wissenschaft, welche die räumlichen Darstellungen von Gegenständen nach speziellen Prinzipien erklärt. Häuser, Tempel, Kleingegenstände, alles, was nach der heiligen Geometrie konstruiert ist, strahlt absolute Harmonie aus, ist in einem Schwingungsgleichgewicht und entspricht perfekter göttlicher Schöpfung.

Hologramm

Ein Hologramm ist eine dreidimensionale Darstellung eines Gegenstandes. Mittels Lasertechnologie können heutzutage verschiedenste Arten von Hologrammen erstellt werden. In unserem Zusammenhang geht es darum, dass von der Erde ein exaktes Hologramm erstellt wird, welches dann unerlösten Seelen für weitere polare Erfahrungen zur Verfügung steht.

Kabbalistischer Lebensbaum

Der kabbalistische Lebensbaum ist die bildhafte Darstellung der Schöpfungsgesetze, wie sie in unserem Universum gelten. Er erklärt, wie aus reiner göttlicher Ur-Substanz Materie wird (Evolution) und wie Materie wieder in den Urzustand zurückgeführt wird (Involution). Der Lebensbaum erklärt also die ganzen Lebenskreisläufe, das ganze Werden und Vergehen. Das Wissen darüber stammt aus Atlantis und wurde beim Untergang dieses Kontinents durch Priester nach

Ägypten gebracht. Von dort fand diese Wissenschaft auch Eingang in die jüdische und christliche Kultur.

Kinesiologie

Kinesiologie ist ein intuitives, diagnostisch/therapeutisches Verfahren, welches auf Muskelresonanz basiert. Die Fachperson stellt Fragen und testet aufgrund der Muskelresonanz die Antwort. Es können so zuverlässig Ursachen von Problemen ergründet werden, da der menschliche Körper auf alle Informationen reagiert.

Lichtarbeiter

Lichtarbeiter sind all jene Menschenseelen, welche hier auf Erden im Sinne des Lichtes, der Liebe und zum Wohle des Ganzen Aufgaben erfüllen.

Manifestation

Eine Manifestation ist die Sichtbar-/Erfahrbar-Werdung von Gedanken und Absichten.

Morphogenetisches Feld

Für alles Leben und alle Erscheinungsformen müssen zuerst die Voraussetzungen geschaffen werden. Es braucht eine Schöpfungsidee, damit etwas entstehen kann. Vergleichbar wäre dies etwa mit der Erstellung eines Software-Programmes, damit nachher eine bestimmte Arbeit geleistet werden kann.

Wenn eine Schöpfungsidee mit Liebe und Willenskraft erfüllt wird, erzeugt dies eine magnetische Wirkung, welche zur Folge hat, dass sich unendliche Verbände von Elektronen in Form eines Feldes ordnen. All diese Elektronen nehmen diese Informationen auf und deshalb gehen sie miteinander in *Resonanz* (gleich und gleich gesellt sich gern). Sie bilden ein einheitliches Schwingungsfeld.

Solche Schwingungsfelder (morphogenetische Felder) bilden die Grundlage, dass dann Leben entstehen kann und dass innerhalb dieser Lebensform Kommunikation stattfindet. Jede Lebensform hat ihr eigenes morphogenetisches Feld, darum gibt es allein auf der Erde schon Abermillionen solcher Felder.

Resonanz

Resonanz ist Schwingungsgleichklang. Der Volksmund sagt oft: »Diese Personen haben die gleiche Wellenlänge«. Solche Menschen verstehen sich gut. Sie sind in Resonanz zueinander.

Schleier des Vergessens

Menschenseelen, welche auf einer höheren Ebene existieren (ab fünfte Dimension), sind mit der göttlichen All-Intelligenz fest verbunden. Sie haben dadurch Zugang zu allem Wissen, was ist und was war. Dort gibt es keine Zeit, alles ist im Licht der Ewigkeit eingetaucht; alles findet gleichzeitig statt.
Wenn sich nun eine Menschenseele entschließt (in Absprache mit der geistigen Führung), auf tieferen Ebenen zu inkarnieren, also z.B. auf der Erde geboren zu werden, so wandert sie quasi aus der zeitlosen Ebene der höheren Dimensionen aus. Sie taucht in die Erfahrungsebene von Raum und Zeit ein. Hier sind die Energien dichter, tiefschwingend und anders geordnet. Darum geht die ganze Erinnerung an die Absicht, an den Lebensplan, den man sich gestellt hat, und an die vergangenen Erfahrungen verloren. Der Schleier des Vergessens hat sich über diese Seele gelegt.

Nur durch konsequente spirituelle Arbeit kann die innere Verbindung zum göttlichen All-Eins wieder aufgebaut und dadurch der Schleier des Vergessens wieder gelüftet werden.

Spin-/Spinerhöhung

So wie die Erde um die eigene Achse dreht, so drehen sich auch die Elektronen. Diese Eigenrotation bezeichnet man als Spin.

Elektronen können sowohl im Uhrzeigersinn als auch im Gegenuhrzeigersinn um sich drehen. Dies ist von der Art der Information abhängig, welche die Elektronen aufgenommen haben. Je energiereicher die Information ist, desto schneller beginnen die Elektronen, um sich selbst zu drehen. Je schneller sie sind, desto effizienter wird die entsprechende Information manifestiert.

Weiße Bruderschaft

Im Laufe vieler Jahrtausende haben es mehrere Tausend Menschenseelen geschafft, alle Aspekte des Lebens völlig zu integrieren. Sie leben die Liebe, sind reines Licht geworden und stehen allem und jedem in absoluter Wertungsfreiheit gegenüber. Dadurch haben sie die polaren Verhaltensweisen überwunden und sie leben wieder ganz aus ihrer Herzensmitte, aus ihrem Seelenkern. Haben Menschenseelen diese Entwicklung durchlaufen, so sind sie nicht weiter an den Reinkarnationskreislauf gebunden. Sie sind nun frei, auf höheren Ebenen weiter zu existieren. Selbstverständlich erfüllen diese erleuchteten Wesen weiterhin gute Dienste an den inkarnierten Menschen.

Die Weiße Bruderschaft besteht aus mehreren tausend aufgestiegenen Meisterinnen und Meistern, welche sich ganz in den Dienst der Menschen stellen. Sie leisten großartige Hilfe, um der ganzen Menschheit zur Erlösung zu verhelfen.

FOSTAC Verlag

in Zusammenarbeit mit Wagner Verlag GmbH

Im gleichen Verlag ist erschienen:

FOSTY - Ein Tröpfchen geht auf Reisen

von Alexander Glogg

ISBN 978-3-86683-849-9

Ein Lese-Lehrbuch als Entdeckungsreise für Erwachsene mit Kindern, die den Kreislauf des Lebens und den Rhythmus der Natur verstehen lernen möchten. Dabei kann aus der Geschichte heraus ein Zusammenhang zum eigenen Leben entdeckt und Einblicke in die Geheimnisse des Lebens gewährt werden.

Die Geschichte erzählt von FOSTY, dem Meeres-Wassertropfen, welcher sein eintöniges Dasein nicht versteht und durch zahlreiche Kondensationen auf abenteuerliche Entdeckungsreisen geht.

Sein Leben schenkt ihm vielfältige Erfahrungen.

Ideal für Kinder zwischen 7 und 14 Jahren.